BEI GRIN MACHT SICH IHR WISSEN BEZAHLT

- Wir veröffentlichen Ihre Hausarbeit,
  Bachelor- und Masterarbeit

- Ihr eigenes eBook und Buch -
  weltweit in allen wichtigen Shops

- Verdienen Sie an jedem Verkauf

Jetzt bei www.GRIN.com hochladen
und kostenlos publizieren

Martin Richter

Die Function-Point-Methode. Eine Einführung

Definition, Durchführung und aufsetzende Aufwandsschätzung

GRIN Verlag

.

Bibliografische Information der Deutschen Nationalbibliothek:

Die Deutsche Bibliothek verzeichnet diese Publikation in der Deutschen National-
bibliografie; detaillierte bibliografische Daten sind im Internet über http://dnb.d-
nb.de/ abrufbar.

Impressum:

Copyright © 2013 GRIN Verlag GmbH
Druck und Bindung: Books on Demand GmbH, Norderstedt Germany
ISBN: 978-3-656-43760-4

Dieses Buch bei GRIN:

http://www.grin.com/de/e-book/214379/die-function-point-methode-eine-einfueh-
rung

GRIN - Your knowledge has value

Der GRIN Verlag publiziert seit 1998 wissenschaftliche Arbeiten von Studenten, Hochschullehrern und anderen Akademikern als eBook und gedrucktes Buch. Die Verlagswebsite www.grin.com ist die ideale Plattform zur Veröffentlichung von Hausarbeiten, Abschlussarbeiten, wissenschaftlichen Aufsätzen, Dissertationen und Fachbüchern.

Besuchen Sie uns im Internet:

http://www.grin.com/

http://www.facebook.com/grincom

http://www.twitter.com/grin_com

Assignment

Aufwandsschätzung mit Hilfe der Function-Point-Methode

Autor:

Martin Richter

Student der Wirt.-Inf. (FH)
AKAD Hochschule Pinneberg

Erstellt am 05.05.2013

Inhalt

1. Einführung

„Die Ergebnisse einer Umfrage der Standish Group (CIO.com, 18. Juni 2009), an
der 400 Unternehmen teilnahmen, zeigen [..] eine ernüchternde Realität. Nur
32% aller IT-Projekte sind bezüglich der Einhaltung ihres Zeitplans, Budgets
und ihrer Anforderungen erfolgreich. Ca. 24% werden als gescheitert betrach-
tet, werden komplett eingestellt oder nach Abschluss nicht genutzt. 44% stehen
in ihrem Verlauf vor Schwierigkeiten unterschiedlicher Komplexität. IT-Projekte
können am Ende ein Vielfaches dessen kosten, was ursprünglich veranschlagt
war."[1] Laut diesen Umfrageergebnissen ist es noch immer ein großes Problem
zuverlässige Aufwandsschätzungen für IT-Projekte durchzuführen. Ein vielfach
bewährtes Verfahren ist die Function-Point-Methode, welche 1979 von Allan J.
Albrecht bei IBM entwickelt und 2003 als ISO-Norm[2] standardisiert worden ist.
Jährlich werden ca. 200 Personen als sog. „Function-Point-Zähler" zertifiziert,
welche speziell für die Anwendung dieser Methode geschult werden. „Eine Stu-
die des MIT (Massachussetts Institute of Technology) zeigte, dass zertifizierte
Function-Point-Zähler mit ca. 9 % Genauigkeit die gleiche Anzahl von Function
Points ermittelt haben."[3] Das MIT bestätigt somit, dass die fachgerechte Anwendung dieser Methode durchaus zu belastbaren Schätzungen führt. Nicht zuletzt
deshalb ist es in Italien gesetzlich vorgeschrieben, dass Softwareanbieter bei
staatlichen Stellen den Funktionsumfang Ihrer Software in Function-Points an-
geben müssen.[4] Caper Jones, international äußerst anerkannter Experte im Be-
reich der Aufwandsschätzung, fasst die Vernachlässigung dieser Aufgabe wie
folgt zusammen: „Wer diese Software-Entwicklungsaufgabe nicht professionell
wahrnimmt, handelt in seinem Beruf grob fahrlässig."[5]

2. Ziel dieser Arbeit

Das Ziel dieser Ausarbeitung ist die Vorstellung der Function-Point-Methode
und einiger Grundregeln, mit Hilfe derer die Schätzqualität gesteigert werden
kann. An dieser Stelle muss darauf hingewiesen werden, dass seit der Erstel-

---

[1] (The13, S. 1)
[2] Vgl. (functional size measurement method, 2009)
[3] (Bundschuh M. F., 2004)
[4] (Bundschuh M. , 2005, S. 23)
[5] Vgl. (Jones, 1996)

lung der Function-Point-Methode (FPM) eine Vielzahl von Varianten entwickelt worden sind, welche zwar auf die ursprüngliche Methode aufbauen, sich jedoch in der Berechnung der Function-Points (FP) unterscheiden Innerhalb dieser Arbeit beziehen wir uns somit ausschließlich auf die Berechnungslogik der International Function Point Users Group (IFPUG).

Dieses Assignment bezieht sich des Weiteren auf eine konkrete Fallstudie, in welcher die Function-Point-Methode verwendet werden soll, um die geschätzten Personenmonate zu berechnen, die für die Realisierung eines zu entwickelnden Systems im „Miet- und Service-Center" (MSC) erwartet werden können. Textabschnitte, welche sich auf dieses konkrete Entwicklungsprojekt beziehen, werden im Folgenden mit einem grauen Balken am linken und rechten Seitenrand gekennzeichnet.

3. Historie und Grundannahmen

Nachdem A.J. Albrecht die FPM 1979 entwickelte, wurde 1986 die IFPUG gegründet, um die Weiterentwicklung der Methode zu gewährleisten und die internationale Standardisierung vorzunehmen.

Vier Annahmen, welche der Entwicklung der FPM unterlagen, haben ein Anwendungsprojekt als erfolgreich klassifiziert. Wenn ein Anwendungsprojekt

- zum geplanten Termin eingeführt wird,
- der Kostenplan eingehalten wird,
- das Ergebnis mit den Benutzeranforderungen übereinstimmt und
- die Benutzeranforderungen organisatorisch optimal gelöst werden.[6]

Das Ziel ist es eine für den Benutzer qualitativ gute Anwendung zu entwickeln und zu beantworten was das System leisten soll und nicht wie es das tun soll. [7]

Die FPM beleuchtet den zu leistenden Aufwand grundsätzlich aus Benutzersicht und schätzt den Aufwand (unabhängig von der einzusetzenden Technologie, den angewendeten Tools, Techniken und der Qualität des Personals) auf Grund-

---

[6] Vgl. (Noth & Kretzschmar, 1984, S. 27)
[7] Vgl. (Noth & Kretzschmar, 1984, S. 29)

lage des Funktionsumfangs des zu entwickelnden Systems. Die ermittelten FP sollen allein die Komplexität des Systems wiederspiegeln.

4. Vorgehensweise

Die prinzipielle Vorgehensweise ist in drei Schritte gegliedert, welche in die Berechnung der bewerteten FP münden. Folgend können die ermittelten FP für die Aufwandsschätzung, wie bspw. der Berechnung des Personalaufwands in Personen- oder Mannmonate (PM bzw. MM), genutzt werden.

Schritt 1- Festlegung des Zähltyps

Schritt 2 - Zählungsumfang / Festlegung der Systemgrenze

Schritt 3 - Function-Point-Zählung

Schritt 4 - Ermittlung des Einflussfaktors

Schritt 5 - Errechnung der gewichteten Function Points

In den folgenden Abschnitten werden die einzelnen Schritte detailliert erläutert. Einen ersten Überblick verschafft auch die folgende Abbildung.

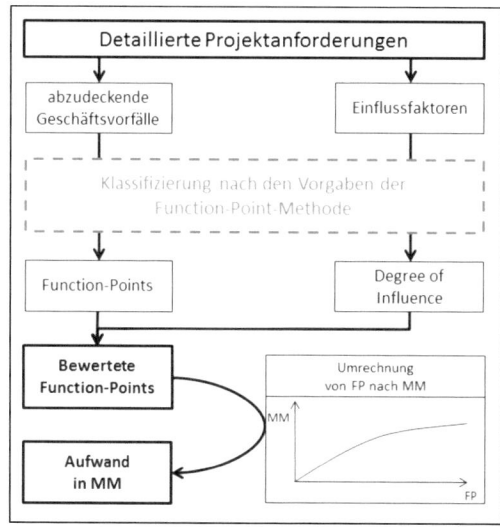

Vorgehensweise zu FP-Berechnung nach FPM

4.1. Festlegung des Zähltyps

Die folgenden drei Zähltypen werden nach IFPUG unterschieden:

-   Neuentwicklungsprojekt
-   Weiterentwicklungsprojekt
-   Anwendungssystem

Bei einem Neuentwicklungsprojekt wird das Anwendungssystem von Grund auf neu erstellt und beinhaltet hierdurch lediglich Function Points, welche der Zählung hinzugefügt werden müssen. Anders formuliert, erhöht sich der Projektumfang (Aufwand) und gleichzeitig erhöht sich auch die Funktionalität / Komplexität (des zuvor noch nicht existenten) Anwendungssystems.

Bei einem Weiterentwicklungsprojekt wird die Funktionalität eines bestehenden Anwendungssystems verändert. Hierbei kommt es zu einer Erhöhung des Projektumfangs (Aufwand), jedoch kann die Funktionalität des Anwendungssystems entweder erweitert oder aber auch verringert werden.

4.2. Zählungsumfang / Festlegung der Systemgrenze

Die IFPUG unterscheidet nach Counting-Scope und Application Boundary.

Der **Counting-Scope** identifiziert den Umfang der von einem Function Point Count umfasst werden soll. Dieser Scope kann (technisch gesehen) auch mehrere Anwendungssysteme umfassen, welche Aufgaben (Funktionen) des zu erstellenden Systems ausführen sollen (bspw. per Remote Procedure Calls).

Dahingegen legt das **Application Boundary** die Grenzen zwischen Benutzer und Anwendungssystem fest.

Diese Einteilungen sind wichtig, um im nächsten Schritt eine Einteilung von Funktionstypen vornehmen zu können, denn hierfür muss jede funktionale Anforderung genau in einer dieser Funktionstypen zugeordnet werden können.

4.3. Function-Point-Zählung

Innerhalb dieses Schrittes werden alle zu realisierenden Geschäftsvorfälle, in sog. Elementarprozesse überführt und in fünf Funktionstypen eingeteilt. Ein Elementarprozess ist hierbei eine einzigartige und atomare Aktivität des Systems aus Benutzersicht. Die fünf Funktionstypen werden auch Base functional components (BFC) genannt. Bei der Zuordnung muss beachtet werden, dass Transport, Darstellung oder Speicherung der Daten nicht beachtet werden, sondern lediglich der logische Inhalt von Bedeutung ist. So ist es für eine Ausgabe nicht von Belang, ob diese auf dem Monitor oder auf dem Drucker erfolgt.[8]

Daten- Function-Points	**ILF (Internal Logical Files)** Interne Datenbestände mit ihren Satzarten und Datenelementen; Daten, die innerhalb der Systemgrenzen der Anwendung gepflegt werden
	EIF (External Logical Files) Externe Datenbestände mit Satzarten und Datenelementen; Daten, die außerhalb der Systemgrenzen gepflegt werden.
Transaktions- Function-Points	**EI (External Inputs)** Externe Eingabedaten mit ihren logischen Datengruppen und Datenelementen
	EO (External Output) Externe Ausgabedaten mit ihren logischen Datengruppen und Datenelementen
	EQ (External Inqueries) Externe Abfragen mit ihren logischen Datengruppen und Datenelementen

Nachdem alle Elementarprozesse kategorisiert worden sind, müssen sie nach Ihrer Komplexität bewertet werden. Ob ein Elementarprozess in die Komplexitätsklasse „Gering", „Mittel" oder „Komplex" einzuordnen ist, entscheidet nach den zuvor festgelegten Einstufungsmatrizen. Diese müssen für jeden Funktionstyp vorliegen und können wie folgt aussehen.

Komplexität **Function Points**	„Gering" **3**	„Mittel" **4**	„Komplex" **6**
Bewertung der Eingabe (EI)			
Anzahl der unterschiedlichen Datenelemente	1-5	6-10	> 10
Eingabeprüfung	formal	formal	formal logisch
Ansprüche an die Bedienerführung	gering	normal	hoch
Bewertung Abfragen (EQ)			
Anzahl der unterschiedlichen Schlüssel	1	2	> 2
Anspruch an die Bedienerführung	gering	normal	hoch

---

[8] Vgl. (Hürten, 1999, S. 16)

Bewertung der Ausgabe (EO)			
Anzahl der Spalten	1 - 6	7 - 15	> 15
Unterschiedliche Datenelemente	1 - 5	2 - 3	> 3
Gruppenwechsel	1	2 -- 3	> 3
Bewertung der Datenbestände (ILF)			
Anzahl der Schlüssel/Satzarten	1	2	> 2
Unterschiedliche Datenelemente	1 - 20	21 - 40	> 40
Datenbestand vorhanden, keine Neuarchitektur	ja	-	nein
Implementierter Datenbestand/-struktur wird verändert	nein	ja	-
Bewertung von Referenzdateien (EIF)			
Auswahl unterschiedlicher Datenelemente	1 - 5	6 - 10	> 10
Anzahl Schlüssel/Satzarten	1	2	> 2
Tabellen			
Anzahl unterschiedlicher Datenelemente	1 -- 5	6 - 10	> 10
Dimension	1	2	3

Es ist nun bekannt welche Elementarprozesse welchen Funktionstypen und Komplexitätsklassen zugeordnet werden. Wenn man anschließend die Gesamtsumme dieser Funktionspunkte nach dem folgenden Schema bildet, erhält man die ungewichteten Function-Points.

Funktionstyp	Komplexität	FP	Anzahl	Zeilensumme
Datenbestände (ILF)	Gering	3	5	15
	Mittel	4	4	16
	Komplex	6	0	0
Referenzdaten (EIF)	Gering	3	9	27
	Mittel	4	0	0
	Komplex	6	0	0
Dateneingabe (EI)	Gering	3	5	15
	Mittel	4	3	12
	Komplex	6	1	6
Datenausgabe (EO)	Gering	3	7	21
	Mittel	4	2	8
	Komplex	6	0	0
Datenabfrage (EQ)	Gering	3	6	18
	Mittel	4	0	0
	Komplex	6	3	18
Summe der ungewichteten Function-Points (UFP)				156

Die Summe der ungewichteten Function-Points (UFP) für unser konkretes IT-Projekt für das Miet-Service-Center (MSC) beträgt somit **156 (UFP)**.

4.4. Ermittlung des Einflussfaktors

Der Value adjustment factor (VAF) errechnet sich aus der Bewertung der 14
durch die IFPUG vorgegebenen Systemmerkmale, welche auf einer Skala von 0
bis 5 bewertet werden.

Datenkommunikation	Interaktive Änderung
Verteilte Verarbeitung	Komplexe Verarbeitung
Leistungsfähigkeit	Wiederverwendbarkeit
Begrenzte Kapazität	Installationshilfen
Transaktionsrate	Betriebshilfen
Interaktive Dateneingabe	Mehrfachinstallation
Benutzerfreundlichkeit	Änderungsfreundlichkeit

Die Skala, auf Grundlage derer die Bewertung erfolgt, richtet sich nach dem
Degree of influence (DI) und ist wie folgt definiert.

Einflussskala

0	kein Einfluss
1	geringer Einfluss
2	moderater Einfluss
3	durchschnittlicher Einfluss
4	signifikanter Einfluss
5	starker Einfluss

Die Summe aller DI über die 14 Systemmerkmale bildet schließlich den Total
degree of influence (TDI). Dieser kann minimal den Wert 0 und maximal 70 an-
nehmen. Mit der folgenden Formel wird der TDI schließlich in den Value adjustment factor überführt.

$$VAF = (TDI * 0{,}01) + 0{,}65$$

Bei maximalen (minimalen) Anforderungen an die Systemmerkmale kann es
somit dazu kommen, dass die gewichteten Function-Points, im Vergleich zu den
Ungewichteten, um bis zu 35% nach oben (unten) korrigiert werden.

Für das IT-Projekt des MSC wurden aus den gegebenen Informationen lediglich
sieben Einflussfaktoren benannt, weshalb hier angenommen wurde, dass die
übrigen sieben Faktoren keinen Einfluss nehmen. Nach Bewertung der sieben
gegebenen Faktoren wurde ein TDF von 38 berechnet.

Da die Punktevergabe auf die einzelnen Merkmale, unter zu Hilfenahme der zu Grunde liegenden Anforderungen, nur wenig belastbar durchgeführt werden konnte, wird an dieser Stelle darauf verzichtet die konkrete Punkteverteilung aufzuführen und zu rechtfertigen. Berechnet man den VAF nach der Formel der IFPUG (Release 4.3.1) ergibt dies einen Wert von **1,03 (VAF)**.

4.5. Errechnung der gewichteten Function Points

Um die gewichteten Function Points zu errechnen ist es notwendig die zuvor vorgenommene Unterscheidung in Zähltypen nochmals präsent zu machen. Denn auf Grund der Verschiedenartigkeit von Neu- oder Weiterentwicklungs-projekten ist je nach Fall eine andere Formel zu verwenden.

Anmerkung:

Je nach Zähltyp werden die gewichteten (adjusted) FP als DFP oder EFP bezeich-net. In jedem Fall handelt es sich letztlich jedoch um die gewichteten FP und kön-nen somit synonym auch als AFP bezeichnet werden.

Bei **Neuentwicklungen** müssen ggf. Altdaten konvertiert und überführt wer-den, was das Einbeziehen von zusätzlichen Conversion Function Points (CFP) nötig macht. Die Berechnung der Zielgröße Development FP (DFP) erfolgt in diesem Fall wie folgt.

$$DFP = (UFP + CFP) * VAF$$

Bei einem **Weiterentwicklungsprojekt**, mit der Zielgröße Enhancement FP (EFP) wird die Funktionalität eines bestehenden Systems in beliebiger Weise verändert. Außerdem kann es sein, dass sich die Einflussfaktoren (VAF) neben der Funktionalität (UFP) verändern und somit die gewichteten Function Points beeinflussen, was zur folgenden Formel führt.

Anmerkung:

Um keine scheinbare „Messgenauigkeit" zu implizieren, wird in der Praxis oft le-diglich der aufgerundete ganzzahlige Wert angegeben.

$$EFP = [(ADD + CHGA+CFP) * VAFA] + (DEL * VAFB)$$

ADD - hinzugefügte Funktionalität

CFP - Conversion FP durch Bestandsübernahmen

CHGA - ungewichtete FP durch die Änderung der Funktionalität, <u>nach</u> Änderung

DEL - ungewichtete FP durch die Änderung der Funktionalität, <u>vor</u> Änderung

VAFA - Einflussfaktor <u>nach</u> der Erweiterung des Anwendungssystems

VAFB - Einflussfaktor <u>vor</u> der Erweiterung des Anwendungssystems

Im IT-Projekt der MSC handelt es sich um ein Neuentwicklungsprojekt, jedoch kommen die meisten Datenbestände aus Drittsystemen und können, auf Grund des angepassten Datenmodells für das neue System, direkt genutzt werden. Somit können die CFP vernachlässigt und die Formel (FP = UFP * VAF) aus der gegebenen Tabelle 12 (Fpoint.xls) angewendet werden, was folgenden Wert ergibt

$$AFP = DFP = 156 * 1,03 = 160,68$$

Nach den aktuellen Function Point Counting Practices gibt es zwar noch den Schritt 6 (Dokumentation der Zählung) und den Schritt 7 (Qualitätssicherung), jedoch lag der Fokus dieser Ausarbeitung auf der Vorgehensweise zur Ermittlung der gewichteten Function Points, was wir hiermit erreicht haben.

5. Aufsetzende Aufwandsschätzungen

Das Endergebnis der FPM kann auch genutzt werden, um bspw. die Personalkosten eines Softwareentwicklungsprojektes zu kalkulieren. Hierfür gibt es die Möglichkeit die FP in Funktionen einzusetzen, welche auf Grundlage empirischer Analysen (bspw. Regressionsanalysen) für diesen Zweck ermittelt worden sind. Dies liefert eine Schätzung für den erwarteten Personalaufwand in Personenmonaten (PM).

In unserem Fall nutzen wir die Funktion $PM = e^{(\ln\frac{FP}{25,68})/0,775}$ und kommen auf folgendes Ergebnis: $PM = 10,6$

Es werden für die Projektumsetzung demnach 10,6 Personenmonate benötigt.

6. Grenzen

Die Methode stößt sehr schnell an seine Grenzen, wenn Anforderungen, Definitionen und deren Interpretation nicht eindeutig oder überschneidungsfrei und meist in Prosa formuliert sind, was die Quantifizierung und Erzeugung belastbarer Ergebnisse mit der FPM als sehr schwierig gestaltet.

Dies, also die Schätzgenauigkeit, ist der größte Kritikpunkt an der Methode.

Man begegnet diesem Problem meist durch die interdisziplinäre Zusammensetzung von Teams, welche die Einordnung und Bewertung von Anforderungen in das Schema der FPM vornehmen. Hierdurch und durch die penibel genaue Dokumentation aller Phasen, kann auch die Kritik der Nachvollziehbarkeit abgeschwächt werden.

Ich möchte dieses Assignment allerdings mit einer Aussage schließen, welche trotzdem Mut macht sich bei IT-Entwicklungsprojekten doch für die Function-Point-Methode zu entscheiden: „Alle Untersuchungen haben bisher gezeigt, dass keine andere Methode besser und ebenso früh wie die Function-Point-Methode im Software-Lebenszyklus eingesetzt werden kann."[9]

---

[9] (Bundschuh M. F., 2004, S. 336)

Literaturverzeichnis

Bundschuh, M. (01 2005). *Projektmanagement aktuell.*
http://www.dasma.org/contray/media/pdf/Bundschuh-PM-1-2005.pdf

Bundschuh, M. F. (2004). *Aufwandschätzung von IT-Projekten.*
Bonn: mitp.

functional size measurement method, I. (2009).
ISO/IEC 20926:2009. Geneva, Switzerland.

Hürten, R. (1999). *Function-Point-Analysis - Theorie und Praxis.*
Renningen-Malmsheim: expert-Verlag.

IFPUG. (2010). *International Function Point .*
Function Point Counting Practices Manual :
http://ainfo.cnptia.embrapa.br/digital/bitstream/item/34989/1/0004-
3-1-Part-0-2010-01-17.pdf

Jones, C. (1996). *Applied Software Measurement.*
New York: McGraw-Hill.

Kitz, A. (2004). *IT-Projektmanagement.*
Bonn: Galileo Computing.

Ludewig, J., & Lichter, H. (2007). *Software-Engineering*
Heidelberg: dpunkt.Verlag.

Noth, T., & Kretzschmar, M. (1984). *Aufwandschätzung von DV-Projekten* (Bd. 2).
Berlin, Heidelberg, New York, Tokyo: Springer-Verlag.

The13. *Gefahrenzone IT-Projekte.*
Theron Advisory Group:
http://www.theron.com/downloads/30-Gefahrenzone_IT-
Projekte_DE.word.pdf